Strategische Unternehmensführung. Chance Management, Strategieimplementierung

Manuel Grünnagel

Bibliografische Information der Deutschen Nationalbibliothek:

Die Deutsche Nationalbibliothek verzeichnet diese Publikation in der Deutschen Nationalbibliografie; detaillierte bibliografische Daten sind im Internet über http://dnb.d-nb.de abrufbar.

ISBN: 9783346613004
Dieses Buch ist auch als E-Book erhältlich.

© GRIN Publishing GmbH
Nymphenburger Straße 86
80636 München

Druck und Bindung: Books on Demand GmbH, Norderstedt Germany
Gedruckt auf säurefreiem Papier aus verantwortungsvollen Quellen

Das vorliegende Werk wurde sorgfältig erarbeitet. Dennoch übernehmen Autoren und Verlag für die Richtigkeit von Angaben, Hinweisen, Links und Ratschlägen sowie eventuelle Druckfehler keine Haftung.

Das Buch bei GRIN: https://www.grin.com/document/1184920

Deutsche Hochschule für

Prävention und Gesundheitsmanagement

Hermann Neuberger Sportschule 3

66123 Saarbrücken

Einsendeaufgabe

Fachmodul:	Strategische Unternehmensführung II
Studiengang:	Master of Arts – Prävention und Gesundheitsmanagement
Datum Präsenzphase:	03.05.2012 – 06.05.2021
Name, Vorname:	Grünnagel, Manuel
Studienort:	**Saarbrücken**
Semester:	**WS2020**

Inhaltsverzeichnis

1 Bodo Müller Plan

Bodo Müller ist im Fallbeispiel der Einsendeaufgabe der Direktor der Abteilung Vertrieb des Unternehmens Gesundheits- und Medizintechnik AG in Deutschland. Die folgende Einsendearbeit beschäftigt sich mit den Plänen von Herr Müller hinsichtlich dem Strategiewandel.

1.1 Gründe für Wandel

Aufgrund verschiedener Dinge wollte Bodo Müller den Wandel in der Gesundheit- und Medizintechnik AG umsetzten.

Einer dieser Gründe ist die fehlende Investition in neue Geräte. Durch die niedrige staatliche Finanzierung der Krankenhäuser werden, statt neue Geräte anzuschaffen die alten medizinischen Geräte instandgehalten.

Ein weiterer Grund liegt in der Entscheidungskraft der Einkäufe. Dadurch, dass nicht mehr die Ärzte, sondern die Einkaufsabteilungen sowieso die Krankenhausadministratoren über die Neuanschaffungen entscheiden, liegt der Fokus meist im ökonomischen Bereich und weniger im Nutzen.

Die geteilte politische Meinung ist für Bodo Müller ein weiterer Grund. Die Diskussion liegt darin, ob einer Aufstockung für weitere Gesundheitsausgaben zugestimmt wird, oder diesem widersprochen wird. Diese Diskussion ergibt sich aufgrund von einem geringen Bevölkerungswachstum und dem niedrigen Bruttoinlandsprodukt.

1.2 Aspekte des Strategiewandels

Verschiedene Aspekte sieht Bodo Müller hinsichtlich eines Strategiewandel. Die Marketingstrategie der Gesundheits- und Medizintechnik AG spielt hierbei eine große Rolle und soll mit Veränderungen optimiert werden. Hierbei sollen sich Marketing, Investitionen sowie der Verkauf auf die Bedürfnisse des „C-Level" beziehen und somit weniger auf die Bedürfnisse der Krankenhausärzte. Das sogenannte „C-Level" besteht aus Geschäftsführer, Bereichsleiter, der CEO, der FCO sowie der CIO.

Im Kaufverhalten sieht Bodo Müller einen weiteren Grund, dieses wird sich laut ihm im Laufe der Zeit verändern. Um dies aufzugreifen, ist ein ganzheitlichen Konzept von Nöten, welches sich im Kaufverhalten bemerkbar machen soll. Bodo Müller berichtet, dass er das Kaufverhalten aufgrund seiner langen Beobachtung gut initiieren und somit eine optimale Strategie erarbeitet kann. Er behauptet, dass die Gesundheits- und Medizintechnik AG, um neue medizinische Geräte verkaufen zu können, eine ganzheitliche Lösung bieten muss, bei der die allgemeine Effizienz in Krankenhäusern enorm verbessert wird. Der dritte Aspekt den Herr Müller aufgreift ist das Budget. Hier möchte er die Vizepräsidenten mit einbeziehen, diese soll einen Teil ihres Marketing Budgets in das Marketing Konzepts des neuen C-Levels abgeben.

1.3 Barrieren und Widerstände

Jeder Wandel, eine neue Marketingstrategie sowie eine Umstrukturierung eines Unternehmens weist Barrieren und Widerstände verschiedener Art auf. Im Folgenden werden die Barrieren und Widerstände für Management, Menschlichkeit, Ressourcen und der Visionen aufgezeigt.

Barrieren und Widerstände im Bereich Management:

Die Geschäftsführung wurde von Bodo Müller nicht direkt in die Strategie und die Veränderungen mit einbezogen, sind jedoch im Bereich der Weitergabe von Informationen und Arbeitsaufträgen enorm wichtig. Gerade weil durch die neue Strategie geschäftsübergreifend gearbeitet werden soll, damit ein ganzheitliches Konzept umgesetzt werden kann und die Kommunikation somit eine enorme Gewichtung aufweist.

Barrieren und Widerstände im Bereich der Menschlichkeit:

Bodo Müller kann durch sein rein rationales handeln die Vizepräsidenten nicht abholen, diesen fehlen die nötigen Emotionen, um abgeholt zu werden. Um einen Wandel durchführen zu können muss Herr Müller jedem einzelnen einen Emotionalen Wert vermitteln damit sich derjenige näher zu dem Projekt hingezogen fühlt.

Barrieren und Widerstände im Bereich der Ressourcen:

Die Barrieren und Widerstände der Ressourcen gehen einher mit den der Menschlichkeit, dadurch dass ein Teil des Budgets von den Vizepräsidenten kommen soll muss man diese erst einmal für sich gewinnen.

Barrieren und Widerstände im Bereich der Visionen:

Die Vision stammt alleine von Herr Müller und weist somit nur für ihn einen enorm hohen emotionalen Wert auf. Keiner der Beteiligten kann so viel Herzblut wie Bodo Müller in dieses Projekt stecken da ihnen die emotionale Bindung dazu fehlt. Statt eine komplette Vision vorzugeben muss Herr Müller versuchen mit den Beteiligten eine gemeinsame Vision zu erarbeitet, damit jeder den gleichen emotionalen Wert an diesem Projekt aufzeigt.

2 Chance Management

2.1 Gründe für Scheitern

Im Folgenden werden anhand des 8 Stufen Modell nach Kotter, vier Gründe genannt, die für das Scheitern des Wandels von Bodo Müller verantwortlich waren.

Stufe 2: Führungskoalition aufbauen:

Der Plan von Herr Müller war. es eine Arbeitsgruppe der verschiedenen Geschäftsbereiche zu formen. Dies ist jedoch schon gescheitert als beim Kick-Off-Event nicht alle Teilnehmer anwesend waren und die anwesenden Personen nicht überzeugt werden konnten.

Stufe 3: Vision und Strategie entwickeln:

Seine für ihnen mit Herzblut gefüllte Vision hatte nicht die benötigte ausgearbeitete Strategi. Dadurch war es für die ausgewählten Vizepräsidenten schwer sich von dem Projekt begeistern zu lassen da ihnen der emotionale Wert gefehlt hat.

Stufe 6: Schnelle Erfolge erzielen:

Die Arbeitsgruppe von Bodo Müller hat in dem Bearbeitungszeitraum von drei Monaten keine nennenswerten Ergebnisse erzielt. Der Zeitraum von drei Monaten war zu lange gewählt es muss in kleineren Zeitspannen gearbeitet werden und Teilziele gesteckt werden.

Stufe 7: Erfolge konsolidieren und Veränderungen einleiten:

Durch das nicht Erreichen des Ziels und der nicht gesteckten Teilziele konnte die Arbeitsgruppe auch demensprechend keine Veränderungen einleiten und Erfolge vorweisen.

2.2 Veränderungen meistern

Im Folgenden Absatz wird anhand des 8 Beschleuniger Modell nach Kotter aufgezeigt, welche Dinge Bodo Müller hätte tun müssen, um mit seinem Wandel Erfolg zu haben.

Stufe 1: Ein. Gefühl der Dringlichkeit wecken:

Es besteht die Grundvoraussetzung, um einen Wandel zu initiieren, dass die Mehrzahl der Mitarbeiter hinter der Veränderung stehen und diese aktiv unterstützen wollen. Somit besteht der erste Schritt eines Chance Managements darin, dass die Mitarbeiter von der Dringlichkeit sowie der Notwenigkeit der Veränderung überzeugt werden müssen (Solpy, 2014). Somit hätte Bodo Müller alle Leute des gesamten Stamms der Gesundheit- und Medizintechnik AG einladen müssen und diese von seiner Veränderung emotional überzeugen müssen.

Stufe 2: Leistungsteam:

Im kompletten Plan von Bodo Müller gab es kein Leistungsteam, lediglich ein von ihm zusammengestelltes Team, bestehend aus potentiellen und ausgewählten Mitarbeitern. Besser wäre es gewesen ein Team aus den verschiedenen Geschäftsbereichen des Unternehmens zusammenzustellen, bestückt mit Führungskräften. Die Mitglieder des Leistungsteams sollen nach Kotter, um effektiver arbeiten zu können, gewisse Machtbefugnis aufweisen (Solpy, 2018).

Stufe 3: Zielvorstellung und Strategie für eine Veränderung:

Bodo Müller machte den Fehler, dass er seiner erstellten Arbeitsgruppe das Ziel und die Strategie vorgab. Dadurch konnten sich die Teilnehmer nicht mit dem Ziel identifizieren und ihnen fehlte es wohlmöglich an Motivation. Besser wäre es gewesen hätte Herr Müller in einem Meeting gemeinsam mit der Arbeitsgruppe verschiedene Ziele und Teilziele, für den Zwischenerfolg, erarbeitet.

Stufe 4: Kommunikation und Vision:

Die Vision, welche hinter dem Wandel steckt, muss jeden Beteiligten klar kommuniziert werden. Damit jeder Beteiligte die Bedeutung weiß, wohin die Veränderung führen soll. Wird diese nicht klar kommuniziert, fehlt das Verständnis und die Akzeptanz des Wandels.

Stufe 5: Hindernisse aus dem Weg räumen:

Damit sich jeder mit dem Wandel identifizieren kann, müssen die Mitwirkenden über die Strategie aufgeklärt sein. Gegebenenfalls müssen innerbetriebliche Strukturen so angepasst werden, dass Mitarbeiter handlungsfähig sind (Solpy, 2018).

Stufe 6: Kurzfristige Erfolge:

Bodo Müller hat seiner selbsterstellen Arbeitsgruppe lediglich ein drei Monats Ziel gesteckt, diese konnte allerdings keine nennenswerten Ergebnisse vorweisen. Hätte er der Arbeitsgruppe kleinere Teilziele, wie Wochenziele oder auch Tagesziele, hätte beim nicht Erreichen dieser Ziele früher eingegriffen werden können.

Stufe 7: Nicht nachlassen, weitere Veränderungen einführen:

Um den Wandel zu initiieren darf Bodo Müller nicht nachlassen, er muss die Beteiligten bei Laune halten und durch die kleinen Teilerfolge die Motivation hochhalten. Denn die kurzfristigen Erfolge verschaffen Glaubwürdigkeit und mit dieser können größere Veränderungen in Angriff genommen werden (Solpy,2018)

Stufe 8: Neue Kultur verankern und entwickeln:

Der letzte Schritt besteht daraus, dass die neuen Verhaltensformen und die miteingehenden Werte tief in die Unternehmensstruktur verankert werden (Solpy, 2018). Das heißt Bodo Müller muss die Werte und die Verhaltensformen an die Mitwirkenden weitergeben, damit sie im Unternehmen gefestigt werden. Sie müssen von jedem einzelnen mit Unternehmen verinnerlicht und verstanden werden.

3 Strategieimplementierung

3.1 Durchsetzung

Im folgenden Punkt werden drei Punkte aufgezeigt, die Bodo Müller und die Gesundheits- und Medizintechnik AG umsetzten können und die Strategie zu implementieren.

Vermittlung der Strategie:

Es reicht nicht nur aus, dass der CEO des Unternehmens Bodo Müller unterstützt und er die Vizepräsidenten von seinem Konzept überzeugt hat. Jeder Einzelne im Betrieb muss Ihn bei seinem Vorhaben unterstützen. Es ist wichtig, dass Bodo Müller in Teammeetings jedem einzelnen einen emotionalen Sinn in dem Umbruch vermittelt. Er muss von jedem die Akzeptanz gewinnen, sowieso den Mitarbeitern mögliche Ängste nehmen. Nur in so ist es für ihn möglich eine neue Marketingstrategie im Unternehmen umzusetzen.

Einweisungen und Schulungen:

Genaue Betriebsabläufe sind bei der Einführung von einem neuen ganzheitlichen Konzept enorm wichtig. Das Bedürfnis der CEO und CFO stehen in der Marketingstrategie an oberster Stelle. Da es im Unternehmen sieben Produktlinien gibt muss beachtet werden, dass es auch abteilungsübergreifenden Weiterbildungsmaßnahmen und Betriebsabläufe geben muss. Hierbei haben ernannte Führungskräfte die Aufgabe die Vizepräsidenten der Marketingabteilung in Weiterbildungsmaßnahmen zu integrieren die betriebsübergreifend sind. Kritisch betrachtet werden muss ob die Führungskräfte dich ausreichenden Qualifikationen vorweisen, ist dies nicht der Fall muss die Qualifikation mit Fortbildungen aufgebessert werden oder sogar daran gedacht werden neues Personal anzuschaffen.

Schaffen eines strategiebezogenen Konfliktmanagements:

Es könnte in den Bereichen zu Machtkonflikten kommen, zum Beispiel Zielkonflikten zwischen den einzelnen Unternehmensbereichen oder auch persönliche Zielkonflikten zwischen einzelnen Mitarbeitern. Entgegenwirkend muss vorher ein durchdachtes Konfliktmanagement erstellt werden. Das Partizipationsmodell ist für Bodo Müller hierbei das passende Modell. Da hierbei die Führungsebenen alle das gleiche Mitwirkungsrecht haben und gemeinsam Entscheidungen getroffen werden.

3.2 Umsetzung

Folgenden werden drei Punkte aufgezeigt, die Bodo Müller und das Unternehmen, im Rahmen der Umsetzung einleiten sollten, damit die neue Strategie erfolgreich implementiert wird.

Transformation:

Hierbei ist das Ziel die Transformationen von strategischen Entscheidungen in feste Handlungen umzusetzen. Hier sollte zuerst ein IST-Zustand ermittelt werden, der Soll-Zustand wird dann anhand von Zielen festgelegt. Die Ziele sollten immer über Inhalt, Ausmaß und Zeit verfügen. Die Ziele müssen genau gesteuert werden und von den Verantwortlichen kontrolliert werden. Wichtig hierbei ist, dass genau definiert wird welcher Verantwortliche für welches Ziel im Plan zuständig ist

Anpassung:

Bei den Anpassungen muss zunächst dargestellt werden welche Aufgaben das Unternehmen erbringen muss damit der Kunde seine dementsprechende Leistung erhält. Im Unternehmen der Gesundheits- und Medizintechnik AG gestaltet sich das ganze insofern, dass eine Gruppe von Mitarbeitern geschäftsübergreifend über die einzelnen Punktlinien und deren Marketing entscheidet und nicht wie zuvor die Vizepräsidenten. Demensprechen müssen die Aufgaben neu verteilt werden. Da Bodo Müller ein ganzheitliches Konzept anbieten möchte, müssen die Ressourcen des Unternehmens genauer aufgeschlüsselt werden. Hierbei sollte immer die Wertschöpfung des einzelnen Produkts im Vordergrund stehen. Dementsprechend brauchen die Mitarbeiter immer bestimmte Ressourcen, um die optimale Wertschöpfung aus dem jeweiligen Produkt rausholen zu können. Einhergehend mit der Wertschöpfung der Produkte sollte auch die Unternehmensstruktur beachtet werden. Diesbezüglich sollte natürlich auch jeder Mitarbeiter die nötigen Qualifikationen aufweisen und jeder Mitarbeiter sollte seine Stärken in seinem Bereich optimal einbringen können. Im Bereich des Managements findet die Anpassung in den Entscheidungen statt. Hier trifft das sogenannte C-Level die Marketingentscheidungen.

Motivierung und Mobilisierung:

Bei der Motivation ist der Führungsstil enorm wichtig, hierbei wäre ein Kooperativer Führungsstil die optimale Auswahl für Bodo Müller. Dieser auch genannte demokratische Führungsstil, zeichnet sich dadurch aus, dass die Führung die Mitarbeiter stark einbindet. Es werden gemeinsam Ziele und Aufgaben gesteckt, damit alle an einem Strang ziehen. Die Führung und die Mitarbeiter erarbeiten gemeinsam Lösungsvorschläge, welche gleichrangig behandelt werden (Schirmer, Walter & Woydt, 2009, S.103). Dieser Art der Führung weist eine Vielzahl an Vorteile auf. Mitarbeiter, die in Entscheidungsprozesse eines. Unternehmens eingebunden werden, weisen eine hohe Arbeitsmotivation auf (Landesigel, o.J.) Somit weist dieser Führungsstil die perfekte Chance auf für Herr Müller, die Mitarbeiter von seinem Projekt zu überzeugen und diese ihren emotionalen Wert in dem Projekt finden.

4 Balanced Scorecard

4.1 Ursache-Wirkungskette

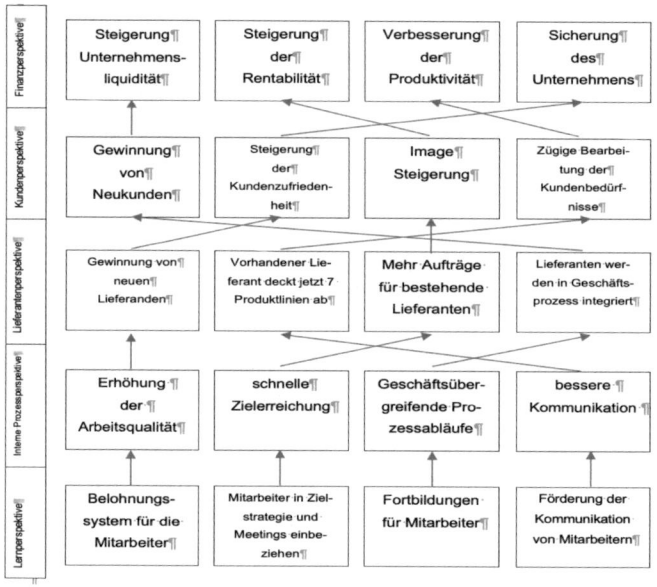

Abbildung 1: Ursache-Wirkungskette; Gesundheit-und Medizintechnik AG (eigene Darstellung & wurde in einem anderen Dokument und via Sceenshot eingefügt)

4.2 Festlegung Ziele, Kennzahlen, Vorgaben und Maßnahmen

In der folgenden Tabelle wird die Balanced Scorecard dargestellt, welche sich auf ein Jahr bezieht.

Tabelle 1: Balanced Scorecard (eigene Darstellung)

Ziele	Kennzahlen	Vorgaben	Maßnahmen
Rentabilitätsziel	Rentabilität in %	Rentabilität von 8% auf 10% steigern	Kosten senken & Umsatz steigern

Neukundenge-winnung	SOLL- IST Be-stand	15% Neukun-dengewinnung	Marketingstrate-gie zur Neukun-denaquise
Kostenstruktur aufbauen	Kostenanalyse	Kostensenkung um 5%	Auflistung aller Kosten und für eine Senkung analysieren
Qualifikationen der Mitarbeiter	Vorbildungen pro Mitarbeiter	3 Weiterbildun-gen pro Mitar-beiter	Externe und in-terne Schulun-gen
Neugewinnung von Lieferanten	SOLL-IST Be-stand	3 neue Lieferan-ten gewinnen	Prozesse opti-mieren und Feh-ler aufdecken und neue Liefe-ranten gewinnen

5 Unternehmensethik

5.1 Praxisbeispiel

Im folgenden Praxisbeispiel wird der Schweizer Nahrungsmittelkonzern Nestle betrach-tet, dem Unternehmen wird vorgeworfen, dass es weltweit Wasserrechte von Seiten der staatlichen Wasserbehörde kauft. Im Jahr 2015 macht die Onlinezeitschrift auf mehrere Skandale des Unternehmens aufmerksam (Stern, 2015). Resultierend daraus entstand der Dokumentarfilm "Bottled life", welcher sich mit den Wasserrechten beschäftigt. Das Orange Handelsblatt berichtet 2018, dass Nestle ein Recht besitzt, Wasser unterhalb der Erdoberfläche abzupumpen, dieses dann reinigt und abfüllt und als „Nestle Pure Life" verkauft. Es handelte sich hierbei um 282 000 Liter Wasser pro Tag, welches in Flaschen abgefüllt wird (Orange Handelsblatt, 2018). Der Vorwurf an Nestle ist, dass sie Wasser dort abzapfen, wo es sowieso schon sehr knapp ist (zum Beispiel Afrika). Im oben ge-nannten Dokumentarfilm „Nestle Pure Life" beschäftigt sich ein Journalist genau mit die-sem Thema und ist nach Afrika gereist. Dort trifft er auf Bewohner, die die Hälfte ihres Budgets dafür verwenden müssen, um Wasser in Kanister zu kaufen, während die Ober-schicht dagegen, dass Nestle „Pure Life" trinken (Bottled life, 2012). Zu den ganzen Vor-würfen nahm das Unternehmen dann 2018 Stellung auf ihrer eigenen Homepage: „Der Vorwurf stimmt nicht. Das Nestle Werk in Pakistan fördert Wasser aus zwei Tiefbrunnen.

Geschätzt existieren in der Region aber rund 680.000 Brunnen, die in erster Linie für die Bewässerung in der Langwirtschaft, aber auch für industrielle Zwecke genutzt werden."
In der Bevölkerung rückte Nestle dadurch in ein anderes Licht.

5.2 Unternehmenswerte

Nestle beschreibt ihre Unternehmenswerte „die zehn Grundsätze unserer Geschäftstätigkeit" (Nestle, 2020):

1. Nutrition, Gesundheit und Wellness:

   „Unser Ziel ist es, die Lebensqualität unserer Kunden in aller Welt zu verbessern, indem wir leckere und gesündere Lebensmittel bieten und sie zu einem gesunden Lebensstil anregen. Hierfür steht unsere Devise „Good Food, Good Life""(Nestle, o.J.).

2. Qualitätssicherung und Produktsicherheit:

   „Der Name Nestle garantiert Konsumenten in aller Welt Sicherheit und die hohe Qualität unserer Produkte" (Nestle, o.J.).

3. Konsumentenkommunikation:

   Wir verpflichten uns zu einer verantwortungsvollen, verlässlichen Kommunikation, die den Konsumenten eine sachkundige Wahl ermöglicht und eine gesündere Ernährung fördert. Wir wahren zudem die Privatsphäre der Konsumenten" (Nestle, o.J.).

4. Achtung der Menschenrechte:

   Wir unterstützen voll und ganz die Grundgesätze der Global-Compact-Initiative der Vereinten Nationen zu Menschen- und Arbeitsrechten und wollen durch die Achtung der Menschen- und Arbeitsrechte im Rahmen unserer Geschäftstätigkeit mit gutem Beispiel vorangehen" (Nestle, o.J.).

5. Führung und persönliche Verantwortung:

   „Unsere Mitarbeiter sind die Grundlage unseres Erfolgs. Wir begegnen einander mit Würde und Respekt und erwarten von allen Beschäftigten unseres Unternehmens die Bereitschaft, persönliche Verantwortung zu übernehmen. Wir stellen kompetente und motivierte Mitarbeiter ein, die unsere Werte respektieren. Wir bieten Chancengleichheit durch Weiterbildung und Entwicklungsmöglichkeiten, wir schützen die Privatsphäre unserer Mitarbeiter und tolerieren keinerlei Form von Belästigungen oder Diskriminierung" (Nestle, o.J).

6. Gesundheit und Sicherheit am Arbeitsplatz:

„Wir verpflichten uns zur Vorbeugung von arbeitsbedingten Unfällen, Verletzungen und Krankheiten und zum Schutz unserer Mitarbeiter und Auftragnehmer sowie aller entlang der Wertschöpfungskette beteiligten Personen" (Nestle, o.J).

7. Lieferanten- und Kundebeziehungen:

„Wir erwarten von unseren Lieferanten, Zwischenhändlern, Zulieferern. Und ihren Mitarbeitern Ehrlichkeit, Integrität und Fairness sowie die Einhaltung unseres nicht verhandelbaren Standards. Wir verpflichten uns dazu, dass unseren Kunden gegenüber ebenso zu verhalten" (Nestle, o.J.).

8. Landwirtschaft und ländliche Entwicklung:

„Wir tragen dazu bei, die landwirtschaftliche Produktion sowie den sozialen und wirtschaftlichen Status von Bauern und ländlichen Gemeinschaften zu verbessern und die Produktionssysteme zu optimieren, um ihre ökologische Nachhaltigkeit zu steigern" (Nestle, o.J.).

9. Ökologische Nachhaltigkeit:

„Wir verpflichten uns zu umweltschonenden Geschäftsmethoden. Wir streben in allen Stufen des Produktlebenszyklus nach einer effizienten Nutzung natürlicher Ressourcen, streben bevorzugt den Einsatz nachhaltig bewirtschafteter, erneuerbaren Ressourcen und eine abfallfreie Produktion an" (Nestle, o.J.).

10. Wasser:

„Wir verpflichten uns zu einer nachhaltigen Nutzung von Wasserressourcen und der permanenten Verbesserung unseres Wassermanagements. Wir sind uns bewusst, dass die Welt vor einem zunehmenden Wasserproblem steht und dass der verantwortungsbewusste Umgang mit den weltweiten Wasserressourcen durch alle Nutzer unabdingbar ist" (Nestle, o.J.).

5.3 Wertebruch

Betrachtet man sich die oben aufgezeigten Werte, die der Konzern „Nestle" laut eigener Angabe vertritt, stößt man auf Widersprüche in ihrem Handeln. Im zehnten Punkt „Wasser" ihrer Werteauflistung, spricht der Konzern vom bewussten Management mit den Wasserressourcen und über die weltweite zunehmenden Wasserprobleme. Wie im Dokumentarfilm „Bottled life" gezeigt wird ist die Nutzung des Wassers in der Umgebung der

Nestle Fabrik alles andere als nachhaltig. Die Bewohner rund um die Fabriken müssen ihr benötigtes Wasser von dem Konzern kaufen, da keine weiteren Wasserquellen für sie zur Verfügung stehen (Bottled life, 2012).

Des weiteren zeigt der Film, dass rund um die Fabrik von Nestle die Mehrheit der Bewohner von Müll, Raten und Toiletten, welche über keinen Wasseranschluss verfügen, umgeben sind. Auf ihrer Homepage schmückt sich das Unternehmen allerdings damit, dass sie den sozialen Status von Bauern und ländlichen Gemeinschaften verbessern wollen.

5.4 Konsequenz

Welche internen und externen Konsequenzen, dass ganze für Nestle Steakholder zu folgen hat wird im folgenden Abschnitt aufgezeigt.

<u>Konsequenzen für externe Steakholder:</u>

Wie der Focus 2018 berichtet, streicht die Firma Edeka alle Produkte, die mit dem Konzern Nestle zusammenhängen aus ihrem Sortiment. Hierbei sprechen wir von 160 Produkten (Focus, 2018). Dem großen Unternehmen Edeka folgen kleine Einzelunternehmen, welche auch die Produkte aus ihrem Sortiment streichen. „Wer die Gründe erfahren will, braucht nur einmal bei GOOGLE „Nestle Wasser Skandal" eingeben. Wir bitten unsere Kunden um Verständnis, aber solche Machenschaften und Entscheidungen können wir nicht weiter durch einen Vertrieb dieser Produkte verantworten", sprach Marco Grözinger, Inhaber eines Lebensmittelladen (Frankfurter Rundschau, 2018).

Für den Konzert hat das zu Folge, dass ihnen neben den Kooperationspartnern auch die Umsätze der Endverbraucher fehlen.

<u>Konsequenzen für interne Steakholder:</u>

Intern wenden sich immer mehr Mitarbeiter von dem Unternehmen ab, da diese als Privatperson sich nicht mehr mit dem Unternehmen identifizieren können. Einhergehend wird es schwer neue qualitativ hochwertige Mitarbeiter zu finden, die sich mit dem Unternehmen verbunden fühlen.

6   Literaturverzeichnis

Bottledlife. (2012). *Die Geschichte.* Zugriff am 31.05.2021 Verfügbar unter:
http://www.bottledlifefilm.com/index.php/die-geschichte.html

Focus. (2018). *Günstig und genauso gut. Edeka schmeißt 160 Produkte raus Das sind die Alternativen zum Nestlé-Essen.* Zugriff am 31.05.2021. Verfügbar unter: https://www.focus.de/finanzen/news/unternehmen/guenstig-und-genauso-gut-edeka- schmeisst-160-produkte-raus-das-sind-die-alternativen-zum-nestle-essen_i-d_8490039.html

Frankfurter Rundschau. (2018). *Kein Nestlé mehr im Regal.* Zugriff am 21.05.2021. Verfügbar unter: http://www.fr.de/wirtschaft/edeka-boykott-kein-nestle-mehr-im-regal-a-1457144

Nestle. *Unternehmensgrundsätze.* Zugriff am 31.05.2021. Verfügbar unter: https://www.nestle.de/unternehmen/grundsaetze/nestle-unternehmensgrundsaetze

Nestle. *Was sagt Nestlé zu dem kritischen Dokumentarfilm „Bottled Life"?* Zugriff am 31.05.2021. Verfügbar unter: https://www.nestle.de/unternehmen/frag-nestle/antwort/film-bottled-life

Schirmer, U., Walter, V. & Woydt, S. (2009). *Mitarbeiterführung.* Heidelberg: Physica-Verlag.

Solpy. (2014). *Erfolgreiches Change Management mit Kotter's 8-Stufen-Modell.* Zugriff am 31.05.2021 Verfügbar unter: http://www.solyp.com/de/blog/article/change-management-kotter-8-stufen-model.html

Spiegel. (2018). *Edeka will offenbar Nestlé-Boykott ausweiten.* Zugriff am 31.05.2021.Verfügbar unter: http://www.spiegel.de/wirtschaft/unternehmen/edeka-will-offenbar-nestle-boykott-ausweiten-a-1201580.html

Orange.Handelsblatt. (2018). *Warum Nestle so unbeliebt ist* Zugriff am 31.05.2021. Verfügbar unter: https://orange.handelsblatt.com/artikel

7 Abbildungs- und Tabellenverzeichnis

7.1 Abbildungsverzeichnis

7.2 Tabellenverzeichnis